AF438975

El árbol que nunca nos vio mentirle

Darién Leos Juárez

EDIQUID

EL ÁRBOL QUE NUNCA NOS VIO MENTIRLE
© Darién Leos Juárez

Editado por: Corporación Ígneo, S.A.C.
para su sello editorial Ediquid
José Olaya 169, Ofic. 504, Miraflores. Lima, Perú
Primera edición, enero, 2025

ISBN: 978-612-5184-30-6

Hecho el Depósito Legal en la Biblioteca Nacional del Perú N° 2024-13767

www.grupoigneo.com
Correo electrónico: contacto@grupoigneo.com | Teléfono: +51 955 071 270
Facebook: Grupo Ígneo | X: @editorialigneo | Instagram: @grupoigneo

Colección: Nuevas Voces

Contenido

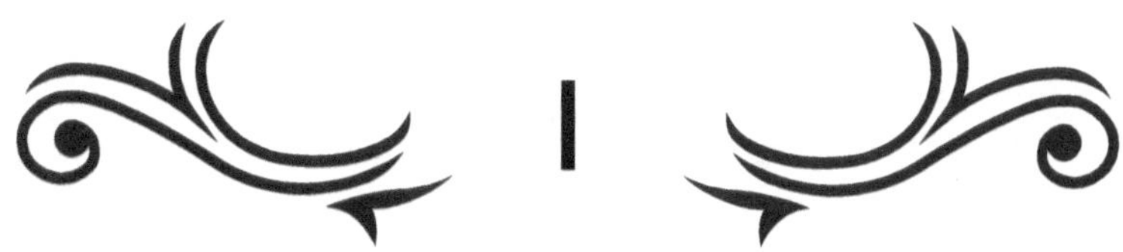

Del fondo de algún lago y a lo largo de un tallo interminable nació una flor. El tallo era largo y de un verde cautivante. Y la flor, aunque tímida al inicio, se llenó de pétalos protectores de su débil núcleo.

¿Qué tan mínimo es el instante en que todo cambia? Ese instante desconocido, pero inevitable. Ese mínimo momento en que el rumbo da vuelta. El momento en que de aquel rosa radiante se desprendió un pétalo directo al agua. Uno solo de ellos, para siempre. De forma tan lenta pero repentina: tan lenta como deslumbrante cada uno de sus vaivenes al caer. Tan repentina como irreconocible la causa de su angustia.

Y observando desde el lago, se despidió. Para siempre.

 # Tu obra maestra 

Te había costado unos meses
romper mi corazón cuando terminaste,
cuando firmaste tu obra maestra.
En ese instante lo resumiste.

Y cuando me diste esa mirada,
supe leer lo que nunca hablaste.

Las nubes se formaron una tras otra.
Como si se amontonaran en primera fila,
como si disfrutaran humillarme
en una especie de circo donde tú eras la titiritera.

Hay miradas de gente inocente
que no sabe lo que está pasando y que,
junto con la mía,
coexisten en este surreal instante.

Y hay miradas que fingen empatía,
junto con la tuya:
Inquieta y vacía
Sollozante… ¿Triste?

Dime, amor…
¿Es esa lágrima tan irreal como tú?
¿O puedo creer en ella?
En su recorrido desde la cordillera de tus pestañas,
y hasta el peligroso caudal de tus labios.

¿Y esa otra? ¿Puedo creer en ella?

Te diría que me lo dijeras,
pero ¿en qué puedo creer,
si ya no en tus palabras?;
lo más engañoso de tu ser.

Esas que me juraron amor eterno,
que a nuestros atardeceres prometieron no fallar,
meciéndose al compás de los días de lluvia
y contemplando al ansioso paso del reloj.
Esas con las que hoy se rompe tu voz.
Esas con las que hoy te resignas a perderme.

Así, nada más…

Bosque

No es mi llanto un motivo suficiente
para abandonarte en un rincón de mi cabeza.

En este bosque tan obscuro. Tan temible.
Que es hogar de tantas ideas y recuerdos.
De nuestros sueños esperando materializarse.

Siluetas. Vagas siluetas.
Las ramas de este bosque son tan peculiares.
Mira el temor con el que se entrelazan,
y la incertidumbre con la que florecen.

Nuestro amor.

Yo, hombre.
Tú, mujer…
Habiendo sido niños.

Aquí nacieron tantas cosas.

Mira su inmensidad.
¿No te da miedo?
Observarnos en cada árbol, en cada ave,
en cada huella que dejó su rastro en este sendero.

Sendero que fue de una nieve hermosa,
que fue de una hierba esperanzadora,
mucho antes de que el chubasco formara el lodo.

No podría abandonarte aquí,
en este lugar que en los rayos de tu mirar
amanecía su costa bañada de ti.

¿A ti igual te parece curioso, amor?
Ya sabes. La manera en la que siempre nos buscamos.
Tú y yo.
Los dos entre mil tormentas,
tan solo para arreglarnos.

La manera en la que corría a tu consuelo,
y tú a mis brazos.

No bastará, ¿verdad?

Ocaso.
Uno que demoró cuarenta meses,
pero pasó.
Y llegó porque así lo quisiste.

Créeme:
Sería horrible abandonarte aquí,
pero estoy harto de pedirte que me sigas.

Si la voz de ayer fue sincera,
ya no me sigas.

 # Desde entonces... 

Hace ya unas semanas que se acabó,
fue todo muy vago para mí...
¿Está bien saber que vas a regresar?

Me pregunto si son igual de confusas las horas para ti,
si tratas de olvidarme encontrando cualquier pretexto...

Pero prefiero pensar que me extrañas como yo:
en este incesante y pesado pasar del tiempo...
¿Eran así de largos los días cuando estábamos juntos?

Como si no encontraran la manera de irse,
como si el sol temiera su puesta y después se ocultara de nosotros,
para evitar coincidir en su camino.

Está distinto en estos días,
se nota su llanto al atardecer y su pesadez por las mañanas,
como para irse y no volver más.

¿Está bien saber que volverás?
Muero por contarte tantas cosas el día que vuelvas,
pero ¿está bien saberlo?
Sonabas tan convencida el día que te fuiste,
pero te conozco mejor que nadie.

Lo suficiente para dudar de toda tú:
de la alegre tonada que sale con tu voz desde entonces,
de la larga sonrisa que habita en el puente de tus labios,
de tus pasos seguros dejándome en el camino...

Igual yo sigo con mi aburrida rutina de siempre.
Esa de la que tanto te hartaste,
esa que por alguna tonta razón creí suficiente:
quizá una hora o dos de guitarra,
otra más de televisión,
viendo todos los programas que nunca te gustaron.

Mis días suelen terminarse acostado en la cama,
viendo irse al sol que no para de llorar.
Cansado de pintar ese cielo;
probablemente para ti.

Para ti que siempre lo admiraste y acompañaste…
Me pregunto si siente pena por ti.

Estás tan lejos que aun así te puedo ver:
escuchando la música que me enseñaste,
o quizá la que yo te enseñé,
o quizá la que yo te grabé.

O quizá la que nunca terminé de grabarte
pero que igual guardé,
para el día que vuelvas.

Si tan solo nuestro amor
le hubiera hecho justicia a esas ambiciones…

Al final, siempre eres tú.
Me siento y escucho que tanto el cielo como las aves
y como la luna en la tarde te quieren de regreso.

¿Está bien saber que vas a regresar,
pero, aun así,
ignorar el daño que nos haremos?

No puedo ser el único que cree que es mala idea.
Sé exactamente lo que quiero que salga de tu boca.
Estoy tan seguro,
que sé que nunca lo dirías.

Nunca lo harías,
porque tú nunca fuiste así,
ni mucho menos lo serías por mí,
o por alguien más que no fueras tú...

¿Está bien querer que regreses?

Sabiendo que tres semanas son tan poco.
Tan poco para pensar,
pero, sobre todo,
tan poco para cambiar.

Y es que tú nunca fuiste así,
ni lo serías por mí.
Pero si no eres tú...
Dímelo quién.

Culpa

¿Te acuerdas, cielo, de tu mirada?
Acuérdate de ese día.
Tus ojos me saludaron tristes:
se imaginaban lo peor.

Me costaba continuar, recuerdo.
Pero ahí estabas tú,
Y sonreía.

Pero recuerda tú.
Recuerda cómo me encaraste ese día.
Estabas seria y casi segura de haber sido traicionada.

¿Recuerdas lo triste que me puse?

Solo pensaba en mí,
con alguien más que no fueras tú.

¿Recuerdas cómo lloramos ese día?

Recuerda el alivio que sentiste cuando
supiste que estabas equivocada.

Y acuérdate de esa tarde.
Recuerda la felicidad con la que llegaste a tu casa:
Esa, producto del saberse correspondido.
Esa, que un día,
de forma inexplicable te abandonó;
cuando hallaste satisfacción al dudar de mis palabras.

Necesitabas dudar de ellas.
Quizás ese fue tu pecado.
Lo gracioso es que lo sabes,
porque me conoces.

Me conoces tan bien que temías.

Lo temías al recibir mis flores,
y al sonreír con ellas a la cámara.
Lo temías al abrazarte,
y lo temías al besarte.

Temías creer en mis «te amo».
En mi pulso firme al tomarte la mano.

Temías que hubiera un resto de cariño en mis acciones,
que todos esos desvelos fueran sinceros.

Lo temías tanto que terminaste creyendo.

Y al final,
cuando solo te quedaba dudar de mis palabras,
no pudiste preguntarlo.

Necesitabas dudar de ellas para calmar tu culpa.

Esa intrusa culpa que cargaste por semanas,
que crecía durante el derrumbe de tu alma y que,
al saber que no me hubiera ido
tras ella te convenció,
finalmente,
de su existir.

Todo

Todo octubre ha perdido importancia ahora:
sus hojas sueltas, su gris paisaje,
su lenta lluvia que pareciera perfecta para un corazón roto.
Y con él, lo que vino después.

A veces me pregunto si en verdad dejé de sentirte tan fácil:
a tu voz,
a tu boca,
a tu cuerpo,
a tus ojos.

Quizás es mi calma egoísta de saber que volverás.

Al final,
nunca me contemplé sin ti:
ni a mi cama sin ti,
ni a mi vida sin ti.

¿No es el destino tan frágil como para llevarte con él?
Ignorando el mes que llevo planeando qué decir cuando regreses,
pero riéndose de lo fácil que suena todo en mi cabeza

¿Por qué tuviste que fallarme cuando menos lo esperaba?
No es que alguna vez lo haya esperado, claro…
Pero ¿te hizo feliz convencerme de tu amor
y después arrebatármelo como si nada?

Tu sonrisa. Tu eterna sonrisa.
Me hierve la sangre esperando sentado
el día en que vuelva a ser mía.

¿Luces igual de feliz en tu casa?

Donde te ocultas contigo,
alejada del murmullo que siempre odiamos juntos.
Donde nadie te observa,
donde nadie te juzga.
En ese negro rincón de tu cama
donde nadie te ve,
ni te escucha.
No te escuchan llorar ni reír.

Te sorprendería la frecuencia con la que te pienso allí,
como en este momento,
cuando todo gira alrededor sin mí.

Qué iluso pensar que dejaría de hacerlo,
como si al mundo le importaran mis tormentas…

Quizás es mi calma egoísta de hacerme valer,
de pretender que giro con él,
como si gustara de ignorar la facilidad con la que todo se fue.

Luna

Hace mucho no venía aquí:
a nuestra luna de papel.
La que creía inquebrantable…
La que pensé tan alcanzable.

Me pregunto si te has pasado por aquí…
Sería la primera vez que lo haces sin mí.

Me pregunto si notaste la ironía:
de creerlo tan inquebrantable,
y que siendo siempre de papel,
dejó de ser lo importante.

Este lugar nunca había estado tan en paz,
nunca había disfrutado tanto su silencio,
¿será que nos extraña como yo?

¿Siquiera tú nos extrañas como yo?

No sé si te has molestado en visitarla,
si luce tan en paz porque así la dejaste,
o luce tan en paz porque ya no viniste.

¿Cuánto tiempo corrió el arroyo?
¿Lo suficiente para filtrarse a su ser?
¿Decidió rebelarse siendo así de irreal?

Siempre fuiste difícil de explicar, amor.
¿O fui yo el que no entendió?

A pesar de mi valentía...
de tu siempre tan frágil cabeza.

Ese rinconcito tan blanco de allí,
¿lo limpiaste tú?,
¿o se limpió porque ya no viniste?
Me pregunto si vienes.

Yo vengo casi a diario,
aunque no espero encontrarte.
No sabría si vienes por convicción,
o vienes porque te traigo.

Me da tanta curiosidad saber
si caíste del otro lado.

Yo vengo casi a diario,
cargo con mis maletas,
cargo conmigo y emprendo el viaje.

Con curiosidad,
más no esperanza,
de encontrarte.

Quiero pensar que lo haces menos frecuente,
como cuando veníamos juntos.

Yo solo quiero saber si un día me volverás a ver.
Allá en el mundo de la luna,
de nuestra luna de papel.

El núcleo de la flor quedó descubierto, y por el vacío de aquel pétalo comenzó a enfriarse lentamente. Y a pesar de que fue uno solo de ellos, estaba incompleta.

En las infinitas horas que pasó en la superficie, ahí permanecieron: esperando a que ella se marchitara, o a que él se hundiera.

Ambos rumbos parecían lejanos, pero estar tan cerca el uno del otro les hizo cuestionarse si realmente era tan irremediable como parecía. Claro que era impensable permanecer en ese lugar para siempre: ella descubriendo su núcleo, y él inundando su ser.

Pero todo estaba bien.

 # Sin salida 

¿En dónde dejaste mi frío pasado
que me atormentaba sin tenerte a mi lado?

Si pudieras saber lo que pienso,
saber lo que siento de tu reflejo…

Si pudieras darte una idea
de lo que me enfrenta el tenerte de cerca…
Del saberte conmigo…
tenerte testigo de lo que sintiera si ya no estuvieras.

Ven y ayúdame a acostumbrarme a ti,
ven y piénsame como yo pienso en ti,
ven y abrázame como el frío viento de tus recuerdos.

Si fue mi destino el que quiso contigo,
dime cómo le pago por tenerte a mi lado.
Dime cómo le digo que siga su flujo…

Que permites de mí algo tan grande,
que aparte eres tú mi razón.

Florecer

Al paso del tumulto en la estación.
A la inquietud palpable del que no fue,
y del que extrañe al antaño de ayer,
la tarde volvió a florecer.

Con sus campos creativos
que fueron tejiendo esos días,
y espiando por las mirillas
cuando tu brillo era mío.

Que pasara los días marchita
cuando tu voz esparció ese frío.
Y en su falso invierno maldito,
se fuera algún sol de tu vida.

Ahora se alza con fuerza de ayer,
replicando su fatigado curso.
Y cuando puso al sol en tus manos,
reveló en su tibio nacer.

Viernes

Volviste. Claro que volviste.
Como el antiguo claro de luna oculto en la neblina de octubre:
el que remaba lento en su gris corriente.

Como los cantos de mi guitarra que alguna vez tuviste;
cuando todo era perfecto.
Perfecto y no solo para mis ojos.

No deberías estar escuchando mi voz,
ni deberías estarme viendo llorar.
Como si no te hubieras imaginado ya
el resto de mis lágrimas,
como si las tuyas no hubieran sido suficientes
para ahogarte por las noches.

Pero aquí estás,
esperando que te abrace de la misma manera.

Y aquí estoy,
esperando que luches por primera vez,
esperando que no te gane la razón.

Pero no.

Y lo pienso como si me importara,
cuando te contemplo tras las infinitas horas
que pasé sin uno solo de tus besos,
cuando espero que tu voz entienda en un mes
lo que no entendió durante años.

Y no lo hizo,
jamás lo haría.

Yo lo sé,
pero aquí estoy.

Te escucho romperme,
porque a eso vine.
Aunque esperaba que fuera diferente esta vez,
después de tanto esperarme.

¿Qué es más grande?
¿Tu amor o tu culpa?
¿El que se cansa de fingir que no se doblega
o la que te hizo venir sin haberte llamado?

Igual no tienes que convencerme de nada,
porque no hubiera venido.

No pretendería ser maduro conmigo,
o que no tomé mi decisión el día que te fuiste.
No me abalanzaría sobre ti como si nada hubiera pasado.
No desearía nunca acabar con este instante.

Y no porque lo vaya a extrañar después.
Pero en un rato, cuando te marches con la tarde,
será uno de mis peores recuerdos.

 # De regreso 

¿Cuál es la silueta que me habla más de ti?
Una de esas tantas que tienes
y que guardo en mis rincones con tu encanto.

¿Es la de tu pantalón holgado?
La que expones bien de lejos,
y que encuentro imposible ocultarle
de mis ojos y mi agrado.

¿Es la de tus cantos risueños?
La que existe hace años,
y me invitó a sus sueños tangibles
cuando estaba desalmado.

¿O es la de tu perfil perfecto?
Que observo de tu lado y pretende
disimularse en tus calladas palabras;
cuando me hablas al costado.

No sé hace cuánto es que me hablas,
porque vienes a mi lado bajo la lluvia
resonando tus palabras en mi mente;
mientras finges no haberme hipnotizado.

Y mientras finjo que te presto atención.
A ti y a tus tonadas que han sonado en mi ventana
desde que volviste a mi lado.

Siempre fuiste así, amor.
Siempre fui así,
también.
Tan parlanchina.
Tan distraído.
Quizás esa fue la receta.

A veces me pregunto si los demás lo ven,
si luzco tan gracioso para ellos
cuando me derrites e intento ocultarme de ti.

Cae la lluvia y es perfecta:
Su refrescante aroma,
su ruidoso estar.
Tu cabello tan mojado...
Casi que prefiero no protegerla de ti.

Divago en tu imagen cuando cae.
Divago en ella cuando llegamos al destino.
Ni siquiera te sorprendes de lo rápido que fue.

Sigues platicando y sigo fingiendo.
Queriéndote despedir,
pero sin querer que te vayas.
Te acompañaría de regreso todos los días.

Te visitaría en tu casa si así quisieras.
¿Y ahora cómo me despido de ti?
Si pasé tantos días imaginándote enfrente
creyendo que eran ideas sin pendiente.

Fuiste muy rápida para dejarme pensar.
Mis labios te encontraron dispuesta a irte sin pensarlo.
Fue muy suave. Como no lo había sido.

Fue perfecto. Porque siempre había estado.
Porque no podría serlo de alguna otra manera.
Porque te había extrañado tanto.
Te acompañaría de regreso todos los días.

 # Estás 

Estás. Finalmente, aquí estás.
Otra vez doblando la esquina,
despertando conmigo.

Estoy. Otra vez.
Volando a tu llegada,
llegando a tus mañanas.

A cinco minutos de donde sea.

Extrañé tu voz. Extrañé tus besos.
Extrañé tu mano, amor.
Pasearla ante los ojos de la gente,
que vieran orgulloso a su portador.

Aún lo extraño, supongo…
Pero aquí estás. Y es lo que importa.

Extrañé a nuestro árbol.
Y seguro que él nos extrañó.
Seguro que esperó bajo la lluvia para resguardarnos,
sin saber que la protegida de nuestros besos era ella.

Extrañé verte tomándote la muñeca,
cuando esperabas mi llegada,
cuando esperabas mis palabras,
haciéndote chiquita en mis brazos,
guardándote en mi chamarra.

Extrañé la confianza con la que corrías hacia mí.
¿Podrías hacerlo de nuevo?
Aún lo extraño, supongo.
Pero estás. Es lo importante.

¿Has pensado en mí?
No me refiero al último mes.
¿Pensaste en mí ayer?
Cuando te fuiste con la tarde.

Se que querías irte,
después del reencuentro con el árbol.
Yo quería pararte,
pero decidí que tú lo hicieras.

Extraño eso, supongo…

Cuando hacías de nuestros paseos un péndulo con las manos,
pronunciando cada vez más su vaivén.
Y más, y más…
Saltando con tus pasos con tu mirada más sincera,
parloteando de todo sin rumbo ni intención,
queriendo que el mundo viera que soy tuyo,
y solo tuyo…

Pero aquí estás.

Cielo

Te pienso en atardeceres como los de hoy:
los que nunca dejaron de iluminarte,
los que a tu obscuro rincón acompañaron.

Los que siempre te pintó el cielo y que,
ofrecidos personalmente en tu mano,
te sacaron de allí.

Normalmente hubieras corrido a avisarme de él,
y yo a avisarle de ti.

Esperando a que lo negaras,
a pesar de haberlo capturado ya un millón de veces.

¿Qué es lo que siempre te cautivó de él, de todos modos?
¿La marcha del sol?
¿Que dejara su ancha huella sin mirar hacia atrás?
¿O la llegada de la luna…?
Que nunca dudó vagar por el cielo
en su búsqueda.

¿A quién seguirás?
¿De quién confiarás?
¿Bajo cuál de los dos expondrás tu falsa independencia?
Llevas tanto tiempo respondiéndolo.

Y normalmente no me agotaría.
Te miraría en él a los kilómetros que nos separan.
Te buscaría en cada parte.
En cada nube que filtra los rayos y se queda con su cachito.
¿Las seguirás a ellas? ¿Te sobra ese coraje?

¿Estás tan segura de hacerlo que prefieres
arrebatarlo tan solo para ti?
Yo no lo sé.
Y tú no lo sabes.

Normalmente fingiría algún dote fotógrafo,
y lo capturaría para ti. Para tu sonrisa.
Pero a pesar de todo,
y como lo temía, amor,
ya nada es normal.

¿Estás?

El día que la tarde volvió a florecer,
no estabas conmigo para verla.
Me dejaste a la deriva de toda la gente,
que en un instante se volvió indiferente.

El día que el sol se convenció de salir,
no estuviste a mi lado.
No.
Pero estabas.
A los kilómetros que nos separan,
fingiendo una sonrisa grata.

No te lo reprocho, claro.
Igual tendría mis culpas.
Pero ¿qué es lo que te debes?

¿Qué le debes a tu vida que intentas colarme en ella?
Casi como indispuesta…
¿Qué le debes al pasado que pretendes deshacerte de él?
Casi como insegura…

¿No tenías ya tu paz, amor?
¿No habías ya completado tu infinita carrera?
Andando en círculos esperando no rezagarte.
Esperando que ni mi amor,
ni mi cariño,
ni tu cariño ni tu amor te dejaran atrás.
Yo no lo creo.

Pero ¿qué te debes a ti?
Que la penumbra de tu cuarto rebasó a tus ideales.
Que el abismo de tu universo reveló su inmensidad.
Que quedaste chiquitita…
Y prefieres tenerme contigo que salir para mí.

Solo por pensar que no te creo.
Todo por creer que no me tienes.

Te quiero

Quisiera poderte decir que te quiero
por el miedo a odiarte,
por el miedo a borrarte,
por sacarte de mi mente.

Quisiera temerle a olvidarte, amor,
para que estemos juntos por la eternidad,
para que naveguemos juntos en esta lancha.
A la deriva: lejos de la orilla.

Lejos de la mirada costera.
Desapareciendo con el mar.
Deteniendo nuestras ideas,
como antes lo hacíamos.

Cuando nadaba de tu mano,
y te jalaba para no hundirte.
Para no hundirnos.
No sé si lo extraño,
pero aquí estás.

Quisiera temer remover el lodo del sendero,
o de estar agotado,
de abandonarte ahí:
en el bosque de mi cabeza.

¿Y adónde irás si lo hago?
Si de mi mano caminaste más que de tus pasos,
si de mis besos sonreíste más que de tu boca,
si de mi boca confiaste más que de tu voz…

Estás a mi lado sin temerle a odiarte.
¿Por qué te odiaría?
Si de tu rastro recorrí más que de mi vida.
Yo te quiero.
Pero no porque no te pueda odiar.

A ti o a tus pestañas:
que asoman del valle del mirar que perdiste.

A ti o a tus mejillas:
que tejen el hilo de tus labios discretos.

A ti o a tus brazos:
buscando a su fantasía obligados.

Te quiero.
Pero no es porque no te quiera odiar,
u olvidar…

Tan solo no te quiero amar.

 # ¿Y si? 

Me preocupa la manera en que se marcha tu idea:
cuando se aferra tanto a tus pasos.

Porque podría rondar con ellos,
pero no puedo.
Porque sé que podría seguirlos,
pero no quiero.
Porque me asombra tanto el destello,
que no me importa mucho su reflejo.

Cuando estamos tú y yo juntos,
pausamos a un mundo extraño bajo ese árbol.

Pausamos a sus aves, aunque canten.
Pausamos a sus hojas, aunque caigan.
Pausamos a sus ramas, aunque rompan.

Pausamos a su lago, pero no a él…

Nunca lo hemos pausado a él, amor.
Ni colándolo en tus entrañas.
Porque desearía seguirla a ella,
pero se escapa.

¿Y si al final nos tocaran
unas mares separadas?

El lago comenzó a infectarse de los límites marchitos del pétalo caído. Y flotando sobre ella, solo pudo observar cómo todo a su paso se empestaba.

El agua cristalina comenzó a borrarse, los frutos comenzaron a caer uno por uno sobre ella, y el tallo cautivante adoptó un tono marrón triste.

Ya el esfuerzo de los pétalos sobre él comenzaba a ser inútil, si de todas formas el núcleo era débil desde el inicio.

La corriente comenzó a olear de forma muy agresiva, y mientras el pétalo caído se iba con ella, la flor intentaba permanecer firme en su tallo, siguiendo a su única esperanza: seguir de pie para cuando la tormenta volviera a limpiar su lago. Esperando que, al final, su viejo pétalo siguiera asomándose desde algún lugar.

No te vas

Te observo inundando tu ser,
y me sigue importando que no pase.
Paso los días evitando tu destino,
cual si fueras tú el corazón marchito.

¿Cómo ves la vida en tu superficie?
¿Qué tan grande crees que es tu hueco?

¿Por qué no te vas?
Tienes que hacerlo. Los dos lo sabemos.
Pero no quieres…
Sería más fácil si quisieras.

Cuando yaces en tu superficie,
intentando absorber el último resto del atardecer,
ya no hay nada de ti,
ya no hay nada en tu ser.
Pero no te vas.

Estás en tu agonía de pétalo,
sin ir a donde siempre temí,
sin ir a donde nada alumbra…
¿Tanto te asusta ir al fondo?

¿No era tu tentación, para empezar?
Descubrir tu camino, seguir con tu rumbo.
En un lugar lejos del murmullo.
En un aislado paisaje al que no te vas.

Lo peor es que no voy más a ti,
ni tú estás viniendo a mí.
Simplemente estamos.
A la espera de un extraño milagro
que te haga subir del pantano.
Que del lago te haga salir.

¿Crees que es mi culpa no poderme mover?
Pretender que sigo de frente,
mientras te tengo que insistir
que tus palabras hablen de ti de una vez.

No basta decir que aquí me tienes.
Hasta que marchite,
o hasta que hundas…
O hasta que un desgraciado ciclón arranque
mi raíz que me tiene atado a tu manto.

Y cuando el deseo de no irte
supere al temor de quedarte,
quédate.
De una vez.
Yo te sonreiré.

Porque te amo.
A pesar de que no puedo.
A pesar de que no he podido.
A pesar de que quería.

Pero un día, vida mía,
negarás de marchar.

Espejo

Al final, ¿qué te faltó al decidir?
No puedes decir que falté yo,
o que he faltado en ti por tantos años.

¿Por qué la gente romantiza tanto soltar?
Como si requiriera mayor valentía,
como si no fuera un perfecto esfuerzo cobarde
por ocultarse del mismo amar.

Ahora, quizás sea lo mejor.
Al final, te necesito lo mismo que
tú me quieres a mí.
¿Qué faltó para que te convencieras?
No puedes decir que falté yo…
Pero alguien más debía tratar.

A tantas semanas de lo que pasó,
ya perdí la cuenta de mis preguntas…
¿Por qué buscarme
si no esperabas encontrarme?

Me parecía egoísta al principio:
dejarte sola en tu abismo
para intentar salir del mío,
porque siempre fue al revés…

¿Por qué siempre fue al revés?

Pasamos tanto tiempo amando igual.

Al menos para mí,
y al menos,
para ti…
Pero así es el «igual»…

¿Has pensado qué difícil es?
Que dos personas se amen de la misma manera,
que proyecten su imagen mutua en
su tempranera ventana como si un espejo fuera.

¿O pensabas que no volvería a voltear
con esta sonrisa tan maltratada?
Seguro fue tu final.
Seguro te impactó la proyección transparente
de tu reflejo en mi realidad

Porque vivías con ilusión de perderme.
Con terquedad de encontrarte,
pero inquietud de buscarme.

Dime si te pesó tanto mi amor,
dime si tus pasos se cansaron de buscar tu suelo,
dime si tu voz se esfumó de encontrar recelo.

Sigo esperando que vuelvas real.

Sigo sometido en tu agresiva corriente,
pensando que no te molestaría,
planeando no incomodarte,
esperando no planearte…
¿por qué siempre fue así?

¿O pensabas que no volvería a voltear
con esta sonrisa tan maltratada?

Porque ahí va a estar al final,
sabiendo que no lo merece,
pero esperando que en su estar,
alguien más se esfuerce en convencerte.

Porque así es el «igual»:
una esencia diferente para todos,
pero esencia al final.

Espera

¿Cómo se le llama al que aparece con manos llenas
solo para esperar que también le compartan?
A aquel que hiere de sí,
para que el caer de otra cabeza llegue a cesar.

Igual no puedes herirme más.
Yo te agradeceré cuando vengas,
en la espera de que tus ojos busquen en mí
lo que alguna vez vi de ti.

Pero el sendero volverá a nevar.
Y por eso acepto,
por eso me ahogo todas las noches,
hasta que niegues de marchar.

No es la primera vez que lo hago:
resistir por los dos.
Ni la primera vez que pinto mi sonrisa
para construirle un hogar a la tuya.

Al final no buscas a un amigo…
¿o cómo se le llama al que te tiene en cuenta?
A quien te sigue al olvido de tu frecuente cabeza.

Remando en tus ríos falsos de positivismo.
Huyendo de mares de sales realidades.
Desembarcando en tus costas de ciegas vanidades.

Si eso hace falta en ti,
no pretenderé que no me importa,
ni que estoy cansado de resistir,
porque cuando me llevaste a tu corriente de octubre,
aceptamos juntos salir.

A pesar de que no lo entiendas.
A pesar de que no lo pienses.
A pesar de que tu sutil ignorancia de ayer
te quiera en sus brazos después.

Me estoy ahogando por las noches de tormenta,
viendo al falso horizonte en la tierra,
anhelando más que nunca tu puesta.
Yo sé que no lo ves,
sé que te extraña que siga aquí,
en tu negra nube empestada de ti,
pero si no es de ti,
¿es de quién?

Pero ya no hubo marcha atrás. Las nubes rugían y gritaban y chocaban unas con otras, amontonándose en primera fila, como si disfrutaran ver a esa flor resistir de su raíz sin ningún tipo de esperanza.

Todo parecía inundarse con esa lluvia arrasadora, incluso aquel árbol.

Ese árbol que durante tantos años había sido impenetrable sufría de ver a su paisaje en agonía. Todas sus aves se resguardaron en él, y las ramas pasaron de caer a mecerse al fuerte soplo de ese viento.

Y la flor parecía solo una extensión más de ese lago que se había agotado de buscar paz desde que falló en absorber a su pétalo caído.

 # Luna de papel 

Sé que ya no vienes aquí:
a nuestra luna de papel.
Y si es que vienes,
dudo no haberte obligado.
Me he mudado aquí
desde que no te encontré abajo.

Pensé que tocarías la puerta al ver su cuidado…
Pero no.
Prefiero pensar que no has venido
a que no te ha importado.

Verla tan bonita,
mejor que cuando te fuiste.
Verla tan brillante,
tan blanca como cuando llegaste.

Ha venido más gente a
bajarme de mi mundo de papel.
Yo sé que no lo entienden.
Sé que no lo piensan,
pero eso pasa cuando se ama más.

Yo ya no quiero salir,
ya no quiero encontrarte.
Duermo con la puerta abierta para que un día
tu fantasma sea el que pase,
tal vez él te trajera.
Quizás ese sea mi destino.

Perdí la esperanza de que vuelvas real.

Quisiera

Quisiera seguirte como lo haces a donde voy:
cuando parece que ya no te encuentro,
cuando mi alma se libera…
Es ahí cuando me sigues.

Estás en la mañana y en tu asiento vacío,
desde donde observabas los anchos caminos,
desde donde espiabas de reojo ocultando tu sonrisa.

Estás en aquel rojo de la tarde
que observo en mi ventana,
a kilómetros de la tuya;
en donde el mismo rojo trasciende.

Estuviste en la chica de ayer sin buscarte,
cuando fingiste no encontrarme.
Solo para besarme desde otros labios.
Como si gozaras de seguirme:
de seguirme y no quedarte.
Hace meses no te quedas.

No te quedas en mi cama,
cuando lucho por dejarte ahí por las noches.
No te quedas en mi almohada,
donde amanezco con la idea
de dejarte abandonada.

Sigues cazando todos mis pasos,
como si no hubieras tenido ya suficiente,
como si no te hubieras cansado de ello para empezar.

Me tienes al borde de correr,
de dejarte sin mi rastro,
con tu mirada provocante que me incita,
pero que se rompe al intentarlo.
Que me llama a no dejarla sola,
solo porque nunca lo ha estado.

Quisiera seguirte como lo haces a donde voy,
solo así lo entenderías…

Pobre alma

Pobre alma tambaleándose…
Tiene tanto que te abría.
Tan segura vienes con tu pose,
con tu risa…
qué ironía.

¿Era tan difícil decir
que no era suficiente?
¿Era tan difícil soltarme,
sacarme de tu mente?

¿O simplemente fue tan fácil
saber que ahí estaría?
A pesar de tu cobardía.
A pesar de tu siempre tan frágil cabeza.

Pensaba importante ver
tu voz corromper.
Pensaba importante ver
tus ojos ceder.
Pero es muy fácil guardar un recuerdo.

Si lo acomodas junto al secreto.

Pero ¿qué es lo que esperas de mí?
¿Cuántas veces planeabas romperme antes de irte?

Ya no eres tú la que viviera conmigo.
No eres tú la que viera en las mañanas.
No lo eres.
Y aunque pudieras serlo,
ya no.

Pobre alma,
me das risa.
¿Es en serio lo que piensas?
Derrumbaste a ciencia nuestro cielo,
¿y deseas la dicha del consuelo?

Quizás

Despierto a la nula luz acechado
en la esquina de las sombras:
las que parecen sugerir
que es el primer día sin ti.

Esperaba que fueras a llamar,
pero en el fondo lo sabía…
Lo he sabido desde noviembre,
lo he sabido hasta ignorar,
lo he pensado en tu andar peregrino
a todas partes donde vas.

Atravieso el umbral por primera vez en muchos días.
Y no esperaba encontrarte ahí,
sentada pensando en entrar.

Imaginé que estabas,
porque así ha sido por semanas.
Solo pensé que con un tiempo más
te agotarías tú misma de esperar.

Y es que me sigue sorprendiendo
que te olvides parcialmente de mí.
Me sorprende tu andar desinteresado,
tu oculto escapismo.
Me sorprende que te olvides,
Pero ¿siquiera recuerdas?

Creo que va siendo tiempo de dejar ir esas preguntas.
Creo que lo que te sorprende de mí
es la claridad con la que las tengo,
la calidez con la que las arropo,
la inquietud con la que te tienen
al borde del precipicio.

Porque nos volvimos serios ante tus ojos,
cuando menos lo esperabas.
Te estancaste en tus ríos de positivismo
que fingiste entender cuando más te necesitabas.

Te tienes cayendo por primera vez,
buscando los ayeres con tu boca,
queriendo nunca más emprender.

Porque todo era divertido antes,
cuando era un juego.
Cuando la vida te puso por delante
al muchacho del vago semblante.

Pero cuando de su mano firmaste,
ignoraste lo que iba a crecer.
No pensaste en el delirio
que con él llevaba.
Y hoy que estás lejos de llenarlo,
te aferras más que nunca al ayer.

Porque sabes que no regresaría,
pero no haces nada por dejarlo.
Tu idea tan tediosa de los cuadros de tu vida
no contempla grandes batallas por ti,
o por mí,
o por alguien más que no seas tú.

El día está mucho más calmo de lo que pensé.
Porque supuse todo estaría en penumbra…

Pero es lindo ver que el sol alumbra.

Es bello verlo volviendo a salir…
Que sigue igual de impactado,
pero que sigue observando a su mundo
que cansó de esperarlo en las sombras.

No es posible que seas extraña.
Ni cuando remes por tus mares,
creyendo que no te está llevando la corriente,
creyendo que eres tú la que vira con su barca
por el miedo de quedarte sin rumbo.

Pero en la noche de diciembre
que entró la luna a la ventana,
a esa esquina de las sombras,
un cachito de luz susurró al oído que
después de todo lo vivido quizás,
solo quizás,
ya nada estaba tan mal.

Cuando el estruendo cesó, todo estaba destruido. Tan destruido que la brisa que siguió a la tormenta representaba un alivio para aquel campo que alguna vez estuvo lleno de hierba esperanzadora.

El lago estaba lleno de escombros y de frutos marchitos. Parecía haberse convertido en un cementerio. Y en el centro de él, una flor. Una flor que de inicio a fin resistió de manera milagrosa. Una flor que sobrevivió de todos sus pétalos, excepto de uno: el que no había dejado rastro tras la tormenta.

Hubo un fuerte viento, y todo se pausó…

Allá a lo lejos, las mismas dos siluetas de siempre se acercaban de la mano a reposar bajo el mismo árbol. Era tan frecuente su visita que por unos instantes ese cachito del mundo se vio refrescado a su arribo.

A ti

Prometí no escribirte tantas veces.
Y prometiste no leerlas.

Yo no sé si las has contado.
Pero prefiero pensar que no lo has hecho
a que no te ha importado.

¿En qué momento cambió todo?
¿Cuál fue ese mínimo instante?
Tan desconocido,
tan inevitable…

Prometiste no leerme tantas veces.
Pero al final,
las promesas se hacen con palabras.

Se nos hace tan fácil confiar en ellas,
como si no tuvieran su diminuto mundo de papel.
Nos parecen tan reales,
que nadie entiende la facilidad
con que escapan de su voz.

Pero mientras siga la brisa,
regresemos juntos aquí.
Al pie de nuestro árbol por última vez.
Sin querer aceptar que lo es.
Confiando en él que no lo sea.

Pienso en todas nuestras horas aquí abajo,
en las risas que viven en esta tierra.

Hoy solo puedo verme en tus ojos,
que esperan entenderlo con el tiempo.

Veo cómo se mojan bajo la brisa,
preparándose para su batalla.
Veo cómo te doblas
por intentar mantener su mirada.

Porque quisieras guardarte los míos.
En tu bolsillo,
o en tu cabeza,
o en donde sea que dejen de pensar con razón.

Si el mundo fuera de dos,
no habría necesidad de hacerlo.
Pero muchas veces
ni el mundo de dos lo es.

Y te tomo de tu mano otra vez,
la envuelvo en la mía como siempre.
Porque nunca nos importó que doblara su tamaño.

Siento cómo aprietas con fuerza,
queriéndola llevar a tu bolsillo,
o a tu cabeza,
o adónde sea que pueda ir sin mí.

No hemos dicho ni una palabra,
pero no hace falta.
Igual nadie sabe ocultar
los nudos en la garganta.

Hoy te veo más transparente que nunca,
cuando ya todo cayó,
cuando la tormenta ya arrasó…
Es hoy cuando te vuelves real.

Te acaricio el cabello para acordarme de él,
de la manera en que las ramas se quedan contigo.
Del perfume que mis prendas dejarán de tener.

Y te vuelvo a llamar en mi pecho,
que se inunda de tus lágrimas por primera vez.
Porque nunca hubo espacio para ellas,
porque ninguno supo abrirles paso en la tormenta.
Porque fue tan importante ocultarlas,
que pudieron liberarse solo hasta hoy.

Y es imposible no seguirlas,
cuando después de tanto tiempo
nos estamos volviendo reales.
Al pie del árbol que nunca nos vio mentirle,
y que escucha a tus sollozos romper con el futuro.

Que hoy más que nunca está presente,
mucho más que el pasado.
Hoy más que nunca su fantasma nos reclama
por dejarlo sepultado.

Sueltas mi mano. Porque está lloviendo.
Está lloviendo tanto que dejas de ver con claridad.

Tan solo ven.
Y no permitas que la lluvia se lleve
a la última de mis imágenes…
De la que le contarás a tus hijos,
a los gatos,
y al jardín.

Uno quisiera que fueran las últimas lágrimas.
Uno pensaría que compartirlas
es la mejor manera de decir adiós.
Porque nos gusta ignorar el dolor de mañana,
de cuando regresemos aquí,
cuando seamos capaces de observarnos al pie del árbol.
Sin entender por qué tuvo que pasar.
Sin entender por qué un solo abrazo
está revelando a un marchito corazón.
Por inundarle de brisa.
Para llorarle de nada.

Y cuando por fin te calmas,
me miras de nuevo,
mientras el resumen de nuestras horas
escapan libres frente a nosotros;
tal que si estuviéramos muriendo.

Pero hoy no podemos.
No podemos fallarle a este rincón del mundo
que fue nuestro por tanto tiempo.

Porque esta es la imagen que le contará
a los nuevos amantes que lo descubran.
Esta es la historia que su raíz gritará.
A los que aspiren a ser tú y yo.

Se nos acaban nuestras horas, amor:
las que presumimos infinitas.
Y aunque la brisa estará un buen rato,
se nos acaba nuestro lago;
en el instante en que todo nos mira:
aquella ave, aunque cante,
aquella hoja, aunque caiga,
aquella rama, aunque rompa.

Aquel lago.

Todo se pausa.
Todo grita que sepamos lo que fue.
Todo se mece al fuerte viento de un solo beso.

El que supo a lágrimas rotas,
el que cantó tristes baladas,
el que a nuestra historia cerró.
El que no pudo ser perfecto porque
no podría serlo de ninguna manera.
El que tu bosque tatuó.

Y de aquel rosa que tanto tembló
florecerá algún otro pétalo.
Pero no para ocuparse del anterior:
del que pasó los días en la corriente,
a la deriva de su feroz agonía,
y que finalmente se hundió.

No será para eso, amor.
Será solo para recordarme que
a pesar de todo,
y de un tallo firme,
se siempre florece.

Enmudecida y sin pensar,
la lluvia se grabó tu nombre por siempre.
Desde antes que partieras.
Y luego te llevó con ella.

A ti.
A lo tuyo.
Y a lo nuestro…

Te amo.
Adiós.

Lecturas recomendadas

La vida en poesía (Amalia Mena)

Todas las manos (Mario Rucci)

¿Cómo será? Poemas a todo corazón (Milton Eduardo Vera Núñez)

Versos Para Liza. Poesía sin barreras (Santiago Felipe Martínez Oportus)